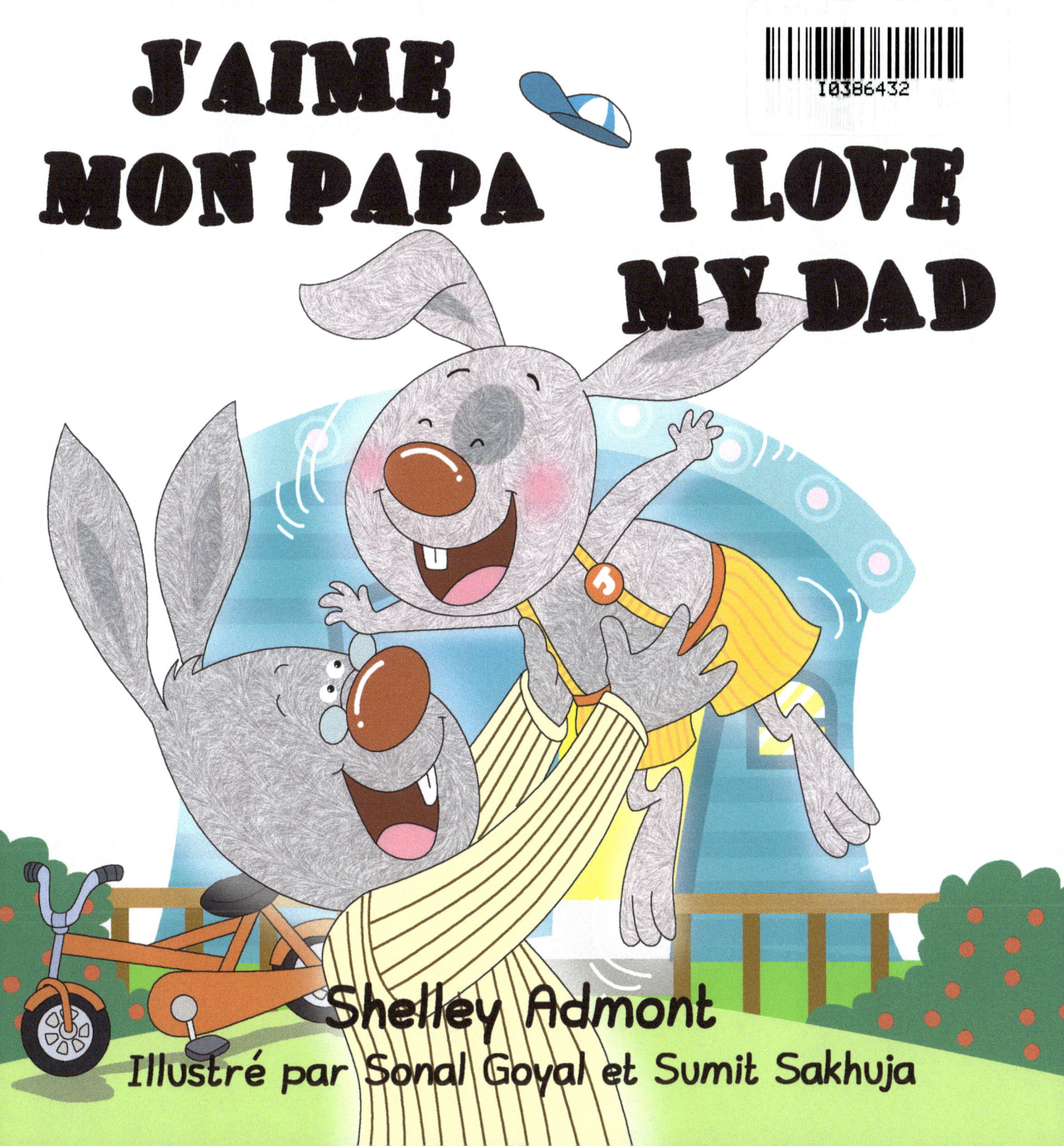

www.sachildrensbooks.com

Copyright©2015 by Inna Nusinsky Shmuilov

innans@gmail.com

All rights reserved. No part of this book may be reproduced in any form or by any electronic or mechanical means, including information storage and retrieval systems, without written permission from the publisher or author, except in the case of a reviewer, who may quote brief passages embodied in critical articles or in a review.

Tous droits réservés. Aucune reproduction de cet ouvrage, même partielle, quelque soit le procédé, impression, photocopie, microfilm ou autre, n'est autorisée sans la permission écrite de l'éditeur.

First edition, 2016

Translated from English by Sophie Troff

Traduit de l'Anglais par Sophie Troff

I Love My Dad (French English Bilingual Edition)/ Shelley Admont

ISBN: 978-1-77268-358-5 paperback

ISBN: 978-1-77268-627-2 hardcover

ISBN: 978-1-77268-357-8 eBook

Please note that the French and English versions of the story have been written to be as close as possible. However, in some cases they differ in order to accommodate nuances and fluidity of each language.

Although the author and the publisher have made every effort to ensure the accuracy and completeness of information contained in this book, we assume no responsibility for errors, inaccuracies, mission, inconsistency, or consequences from such information.

Pour ceux que j'aime le plus—S.A.
For those I love the most—S.A.

Un beau jour d'été, Jimmy le petit lapin et ses deux grands frères faisaient du vélo. Leur papa, assis sur la terrasse, lisait un livre.

One summer day, Jimmy the little bunny and his two older brothers were riding their bicycles. Their dad sat in the backyard, reading a book.

Les deux grands frères riaient aux éclats en faisant la course. Jimmy essayait de les suivre sur son vélo à petites roues.

The two older bunnies laughed loudly as they raced. Jimmy tried to catch up on his training wheel bike.

– Ohé ! Attendez-moi ! Je veux faire la course avec vous ! s'écria-t-il. Mais ses frères étaient déjà trop loin et son vélo trop petit.

"Hey, wait for me! I want to race too!" Jimmy shouted. But his brothers were too far away and his bike was too small.

*Ses frères revinrent bien vite, en rigolant.
– Ce n'est pas juste, s'écria Jimmy. Moi aussi, je veux faire du vélo de grand.*

Soon his brothers returned, giggling to each other. "It's not fair," screamed Jimmy. "I want to ride your big bikes too."

– Mais Jimmy, tu es trop petit, lui dit son frère aîné.

"But Jimmy, you're too small," said his oldest brother.

– Et tu ne sais même pas faire du vélo sans petites roues, ajouta son frère cadet.

"And you don't even know how to ride a two-wheeler," said the middle brother.

– Je ne suis pas trop petit ! protesta Jimmy. Je peux faire tout ce que vous faites !

"I'm not small!" shouted Jimmy. "I can do everything you can!"

*Il courut vers ses frères et s'empara d'un des vélos.
– Regardez-moi ! dit-il.*

He ran to his brothers and grabbed one of the bicycles. "Just watch!" he said.

– Fais attention ! s'écria son frère aîné, mais Jimmy ne l'écouta pas.

"Be careful!" yelled his oldest brother, but Jimmy didn't listen.

Il lança sa jambe en l'air pour essayer de monter sur le grand vélo. À ce moment, il perdit l'équilibre et tomba par terre, en plein dans une flaque de boue.

Throwing one leg over, he tried to climb the large bike. At that moment, he lost his balance and crashed on the ground, directly into a mud puddle.

Ses deux grands frères éclatèrent de rire.

His two older brothers burst out laughing.

Jimmy se releva et essuya ses mains couvertes de boue sur son pantalon sale.

Jimmy jumped on his feet and wiped his muddy hands on his dirty pants.

Les rires de ses frères redoublèrent.

This just caused his brothers to laugh more.

– Pardon, Jimmy, s'esclaffa l'aîné entre deux éclats de rire. Mais c'est vraiment trop drôle !

"Sorry, Jimmy," said the oldest brother in between laughter. "It's just too funny."

C'en était trop pour Jimmy. Il donna un coup de pied dans le vélo et courut vers la maison, les joues ruisselantes de larmes.

Jimmy couldn't stand it anymore. He kicked the bike and ran home with tears streaming down his face.

Papa observait ses fils depuis la terrasse. Il ferma son livre et vint à la rencontre de Jimmy.

Dad watched his sons from the backyard. He closed his book and went towards Jimmy.

– Qu'est-ce qui t'est arrivé, mon chéri ? demanda-t-il.
"Honey, what happened?" he asked.

– Rien, grommela Jimmy. Il voulut essuyer ses larmes avec ses mains sales, ce qui étala la boue partout sur son visage.
"Nothing," grumbled Jimmy. He tried to wipe away his tears with his dirty hands, but instead he smudged his face even more.

Papa sourit et dit tendrement :
– Je sais ce qui va te faire rire…
Dad smiled and said quietly, "I know what can make you laugh…"

– Rien ne peut me faire rire pour le moment, dit Jimmy en croisant les bras.
"Nothing can make me laugh now," said Jimmy, crossing his arms.

– Tu es sûr ? dit papa en le chatouillant pour le faire sourire.

"Are you sure?" said Dad and began to tickle Jimmy until he smiled.

Il le chatouilla si fort que Jimmy finit par rigoler.

Then he tickled him so much that Jimmy started giggling.

Ils roulèrent sur l'herbe, en se faisant des guilis jusqu'à ce qu'ils hurlent de rire tous les deux.

They rolled on the grass, tickling each other until they both laughed loudly.

Secoué d'un hoquet après cette grosse rigolade, Jimmy sauta sur les genoux de papa et lui fit un gros câlin.

Still hiccupping from his hysterical laughter, Jimmy jumped on Dad's lap and hugged him tight.

– *Je t'ai regardé faire du vélo, dit papa en le serrant dans ses bras.*
Jimmy écarquilla les yeux.

"I was watching you ride your bike," said Dad, hugging him back. Jimmy rolled his eyes.

– *Et alors je crois que tu es prêt à en faire sans les petites roues.*

"And I think you're ready to ride a two-wheeler."

Les yeux de Jimmy brillèrent d'excitation. Il se leva d'un bond.
– *Vraiment ? On peut essayer tout de suite ? S'il te plaît, papa. S'il te plaît !*

Jimmy's eyes sparkled with excitement. He jumped on his feet. "Really? Can we start now? Please, please, Daddy!"

– Avant toute chose, tu dois prendre un bain, dit papa en souriant. Nous commencerons l'entraînement demain à la première heure.

"Now you need to take a bath," said Dad smiling. "We can start practicing first thing tomorrow morning."

Après avoir pris un grand bain et dîné en famille, Jimmy alla se coucher. Cette nuit-là, il eut du mal à dormir.

After a long relaxing bath and a family dinner, Jimmy went to bed. That night he could barely sleep.

Il se réveillait sans cesse pour voir si c'était le matin.

He woke up again and again to check if it was morning.

Dès que le soleil se leva, il se précipita dans la chambre de ses parents.

As soon as the sun rose, Jimmy ran to his parents' bedroom.

Jimmy s'approcha du lit sur la pointe des pieds et secoua doucement son père. Papa se tourna de l'autre côté et continua à ronfler paisiblement.

Jimmy tiptoed towards their bed and gave his father a little shake. Dad just turned to the other side and continued snoring peacefully.

– Papa, il faut y aller, murmura Jimmy en tirant la couverture.

"Daddy, we need to go," Jimmy murmured and pulled off his covers.

Papa se redressa et ouvrit grand les yeux.
– Hein ? Quoi ? Je suis prêt !

Dad jumped and his eyes flew open. "Ah? What? I'm ready!"

– Chut… chuchota Jimmy. Ne réveille pas les autres.

"Shhhh…" whispered Jimmy. "Don't wake anybody."

Tandis que la petite famille dormait encore, ils se brossèrent les dents et sortirent dans le jardin.

While the rest of the family was still sleeping, they brushed their teeth and went out.

En ouvrant la porte, Jimmy vit son beau vélo orange scintiller dans le soleil. Les petites roues avaient disparu.

As he opened the door Jimmy saw his orange bike, sparkling in the sun. The training wheels were off.

– Merci papa ! s'écria-t-il en courant vers son vélo.

"Thank you, Daddy!" he shouted as he ran to his bike.

Papa lui montra comment monter dessus et comment pédaler.
– À toi de jouer ! dit-il, en mettant un casque sur la tête de Jimmy.

Dad showed him how to mount it and how to pedal. "Let's have some fun!" Dad said, putting a helmet *on* Jimmy's head.

*Jimmy inspira à fond, mais il ne bougea pas d'un poil.
– Allez ! Je vais t'aider à te mettre en selle, insista papa.*

Jimmy took a deep breath, but didn't move. "Come on. I'll help you into the seat," Dad insisted.

– Euh, bredouilla Jimmy d'une voix tremblotante. J'ai... J'ai peur. Et si je tombe encore ?

"Umm..." mumbled Jimmy, his voice shaking. "I'm...I'm scared. What if I fall again?"

– Ne t'inquiète pas, le rassura son père. Je reste à côté de toi pour te rattraper si tu tombes.

"Don't worry," reassured his dad. "I'll stay close to catch you if you fall."

Jimmy monta sur son vélo et appuya sur les pédales, lentement.

Jimmy hopped on his bike and began pedaling slowly.

Quand le vélo basculait vers la droite, Jimmy se penchait à gauche. Quand le vélo basculait vers la gauche, Jimmy se penchait à droite.

When the bike tipped to the right, Jimmy leaned to the left. When the bike tipped to the left, Jimmy leaned to the right.

Il lui arriva de tomber, mais il n'abandonna pas – il essaya encore et encore.

Sometimes the little bunny fell down, but he didn't give up – he tried over and over again.

Tous les matins, ils s'entraînaient ensemble.

Morning after morning Jimmy and his dad practiced together.

Papa rattrapait Jimmy dès qu'il perdait l'équilibre, et finalement, le petit lapin se mit à pédaler de plus en plus vite.

Dad held on while Jimmy wobbled, and eventually the little bunny learned to pedal fast.

Et puis un jour, papa le lâcha et Jimmy réussit à faire du vélo tout seul sans tomber une seule fois !

Then one day Dad let go and Jimmy could ride all by himself without falling even once!

*Papa sourit.
– Maintenant que tu sais faire du vélo, c'est pour la vie.*

Dad smiled. "Now that you know how to ride, you'll never forget it."

– *Et je peux faire la course aussi ! s'exclama Jimmy.*
"And I can race too!" exclaimed Jimmy.

Ce jour-là, Jimmy fit la course avec ses frères.
That day Jimmy raced with his brothers.

ET DEVINEZ QUI A GAGNÉ ?

GUESS WHO WON THE RACE?

www.ingramcontent.com/pod-product-compliance
Lightning Source LLC
Chambersburg PA
CBHW051304110526
44589CB00025B/2932